AF509337

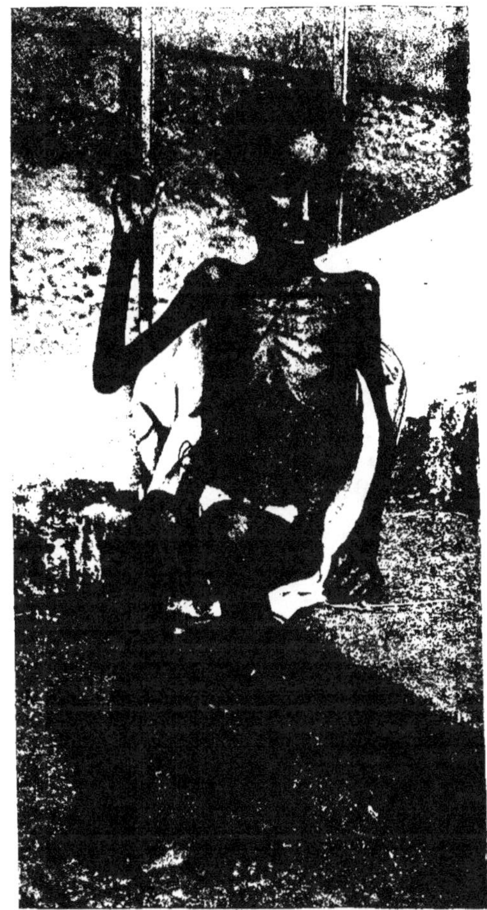

Cliché du P. Lacombe.

PENDANT LA FAMINE

AUX INDES

Chez un peuple

qui meurt de faim

AUX INDES

Chez un peuple

qui meurt

de faim

LE MAL — LE REMÈDE

PAR

ÉDOUARD CAPELLE

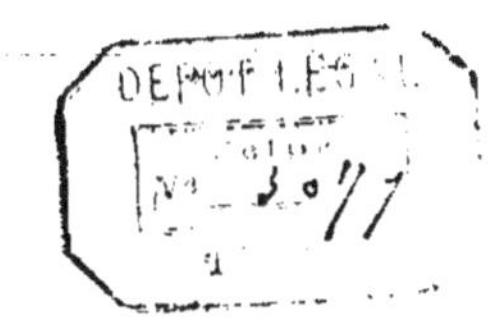

PARIS (VIe)

Victor RETAUX, Libraire-Éditeur

82, RUE BONAPARTE, 82

AUX INDES

Chez un peuple qui meurt de faim

Mesdames, Messieurs,

Vous avez peut-être, si le fracas de nos discordes civiles ou des guerres lointaines l'a laissée parvenir jusqu'à vos oreilles, vous avez peut-être une fois ou l'autre entendu, tout au moins comme on entend à travers la tempête le cri des naufragés, cette clameur désespérée de tout un peuple se mourant de la faim et des maladies, cortège ordinaire de la famine : la peste qui fait à cette heure encore, on me l'écrivait il y a peu de jours, dans la seule présidence de Bombay, plus de quarante mille victimes par semaine, le choléra passé à l'état endémique, les fièvres, l'anémie, que sais-je encore ? Et vous vous êtes demandé sans doute quel était ce pays qui dévorait ainsi par milliers ses habitants, quelles en étaient les ressources, et comme votre cœur est bon parce qu'il est chrétien et français, vous ajoutiez implicitement : Mais n'y aurait-il pas un moyen de faire cesser pareil état de choses ?

La Providence m'envoie vous répondre. Je veux vous parler aujourd'hui de cet Hindoustan, français encore, après tout, sous l'étiquette anglaise, non pas seulement parce que le sang de France l'a détrempé, parce que notre patrie y détient quelques parcelles bien exiguës de son ancien empire, mais aussi et surtout parce que les apôtres de toute robe qui l'évangélisent et le guident vers la civilisation véritable, Pères des missions étrangères, prêtres de Saint-François-de-Sales, Jésuites ou autres sont, en majorité, français comme vous et comme moi ; et, pourquoi ne le dirai-je pas, parce que là où l'élément français est en minorité, là même où il n'existe point, l'aumône de la France pénètre à sa place ; l'or de la France, votre or, Messieurs, se fait missionnaire.

Et c'est pour cela que je viens à vous, non point seulement en solliciteur qui tend la main, mais en homme d'affaires qui rend ses comptes. Car vous avez le droit de me demander des comptes, vous, chers petits amis, qui avez livré le sou de vos jouets ou de vos bonbons; vous avez le droit de me demander ce qu'est devenu le prix de vos sacrifices. Vous en avez le droit, vous tous qui avez prélevé sur le budget de vos plaisirs ou de vos besoins de quoi venir en aide à ceux qui combattent dans les pays lointains : vous surtout, plus pauvres, pauvres de tout degré, qui avez pris sur vos économies d'hier, le nécessaire de demain, pour nous donner l'obole de votre pauvreté.

Oui, Dieu le dira plus tard aux hommes étonnés, Lui qui l'inscrit journellement sur le livre de vie, la plupart des offrandes viennent de ceux qui n'ont pas, rarement de ceux qui surabondent.

Et quelle délicatesse, quelle générosité dans ces offrandes!

Je me rappelle avec attendrissement un trait qui signala mon départ pour les Indes. Ayant appris que des missionnaires s'en allaient là-bas jeter la divine semence dans ce champ reculé du père de famille, une pauvre servante s'en fut trouver son confesseur : elle ne pouvait donner d'argent, car elle avait les siens à nourrir; elle lui remit le seul bijou qu'elle eût au monde, une croix d'or où brillait une perle : « Ils trouveront bien, dit-elle, à la vendre dans ce pays : qu'ils en fassent d'ailleurs ce qu'ils voudront! » La vendre! on m'en eût certes donné huit écus; mais que sont huit écus, mille écus en regard de l'immense charité que supposait ce don! et, je ne sais pourquoi, s'offrit à mon esprit l'image de Madeleine brisant par amour son vase d'albâtre et répandant sur les pieds de Jésus ce parfum dont Judas voulait tirer un si grand prix.

Je ne la vendis pas. Mais un jour, ayant rencontré sur les bords de l'océan Indien un sanctuaire de Marie auquel accourent les foules comme à Lourdes chez nous, je pris tout ému la croix de la servante et je la passai au cou de la Reine des reines. Ai-je eu tort? Je ne le crois pas. N'ai-je pas suivi l'exemple du Maître?

Et quand les multitudes viendront, aux époques des grands pèlerinages, ou leur montrera ce joyau : « C'est une pauvre servante de France, leur dira-t-on, qui en a paré votre Madone. » Et ils rentreront dans leurs foyers en se répétant les uns aux autres : « Quelle est donc cette contrée bénie où les petites servantes sont plus généreuses que les grandes dames des autres nations? Mais le nom de la donataire, ils ne le sauront pas. Je ne l'ai jamais su moi-même, tant elle l'a soigneusement caché : Dieu le connaît et il suffit.

Tout aussi bien que cette pauvre fille, il en est parmi vous, Mesdames, qui ont mis tout leur cœur au service des pauvres Indiens.

Vous avez pillé pour leur venir en aide votre petit trésor domestique, ces petits trésors où s'entassent, tout le long de la vie, les objets qui

furent chers et dont on ne se dessaisit plus parce qu'on les a une fois
aimés. Et pourtant, vous avez su leur dire adieu. Les uns ont passé les
mers et sont allés, bien loin, vêtir, parer ou faire vivre ces gens d'une
autre race que vous n'avez jamais vus, mais que vous aimez parce que
Dieu les aime; les autres se sont transformés en billets de loterie, en
pièces d'argent ou d'or.

Et n'ai-je pas vu telles d'entre vous prendre leurs robes de noce ou de

FIG. 1. — ENTRÉE DE LA PAGODE DE MADURA

soirée, ces derniers témoins d'un bonheur disparu, et les jeter, converties
en chasubles précieuses, sur les épaules des prêtres qui là-bas montent
à l'autel!

Il en est même qui, parce qu'elles étaient plus fortunées, ont voulu
faire davantage. Elles ne sont pas dans cette enceinte, permettez-moi
néanmoins de leur adresser, au nom de la mission entière, l'expression
de la gratitude dont notre âme est remplie à leur égard.

Elles savaient que dans ces pays infidèles se dressent orgueilleuse-
ment vers le ciel de fastueuses pagodes, élevées par l'ignorance des
masses à leurs fausses divinités : elles ont voulu que le vrai Dieu eût

aussi ses temples, et des temples dignes de Lui. Et elles ont envoyé des sommes considérables pour bâtir des églises, à la seule condition que l'argent destiné à la construction de ces édifices leur serait intégralement consacré.

On a dû respecter leur désir, et la mission s'est ainsi enrichie de plusieurs monuments, dont deux, les sanctuaires du Sacré-Cœur à Ideicatour et de Notre-Dame-de-Lourdes à Trichinopoly, sont de véritables œuvres d'art.

*
* *

Je ne dois pas vous dissimuler, Messieurs, que si j'éprouve une joie

FIG. 9. — L'ÉTANG SACRÉ DE TRICHINOPOLY
Au fond, le clocher de l'église de Notre-Dame-de-Lourdes.

sincère à remercier les bienfaiteurs des missions, je suis tout particulièrement heureux de prendre devant vous la parole, pour vous parler aussi des missionnaires. Vous n'ignorez pas, en effet, qu'il s'est rencontré des hommes pour flétrir dans des feuilles menteuses et jusqu'à la tribune d'une Chambre française, l'héroïsme désintéressé de ceux qui souffrent et meurent sur toutes les plages du monde, à l'honneur de la France, et pour le nom de Jésus-Christ. Aujourd'hui, comme à la fin du dix-huitième siècle, non contents de tarir la sève des ordres religieux par l'expulsion de leurs membres, les sectes maçonniques s'attaquent aux missionnaires, les vilipendent et les calomnient devant les foules. Ne pouvant les poursuivre dans les pays où la liberté n'est pas un vain mot, ils s'efforcent de leur nuire partout où ils les peuvent atteindre, et ils le font bassement, sournoisement, méchamment, comme ils savent faire.

Par bonheur, Dieu ménage à ces amertumes des compensations, et l'on n'a vraiment pas trop à se plaindre quand on a pour soi tous les gens de bien, contre soi les hommes malhonnêtes... et ceux qui ont peur. En effet, s'il est toujours bon de se sentir un objet d'estime et d'amour, la sensation en devient plus douce quand celui qui aime et qui estime est lui-même plus noble et plus élevé.

Il y a quelques années, un officier français dont le nom sera sur toutes vos lèvres, quand je vous aurai dit que, parti du Congo, il était revenu par le Nil pour doter la France d'un empire dont quelques Français ne voulurent pas, cet officier, dis-je, attendait au Caire le retour du messager qu'il avait envoyé dans son pays pour y prendre les instructions de son gouvernement. Ces instructions, vous les connaissez. Lorsqu'elles eurent été rendues publiques, le héros impassible reçut les condoléances de toute la société française d'Égypte avec le même sang-froid qu'il avait montré les jours précédents au milieu des fêtes dont on l'avait accablé.

Une seule fois il se départit de son calme. Un homme était venu le trouver, un de ces hommes qui, plus que tous les autres, plus que les commerçants, plus que les soldats et les marins, plus que les consuls et les ambassadeurs, représentent et défendent en Orient, tout le monde le sait, les intérêts de leur patrie : « Mon capitaine, lui dit-il, je n'ai pas l'honneur de vous connaître, et vous ne me connaissez pas ; mais, comme recteur du collège des Jésuites du Caire, je tiens à vous remercier de ce que vous avez fait pour la France pendant votre admirable campagne. Nous comprenons la profondeur et l'étendue de votre douleur et nous nous y associons de toute notre âme. »

Tout le long de sa route, Marchand avait vu à l'œuvre les missionnaires. Il savait, par son expérience personnelle, combien leur doit notre pays. Pour la première fois, une larme brilla dans ses yeux, et, déposant le masque de froideur dont il avait devant tous voilé ses traits, il prit les mains du Père, les serra dans les siennes, et lui dit ces simples mots : « Mon Père, que faisons-nous, nous autres, en regard de ce que vous faites, vous ?... »

Eh bien, Messieurs, quand je vous aurai raconté ce qu'on fait là-bas, je vous demanderai simplement : « Lequel des deux a raison : du soldat qui a partagé en frère les labeurs de l'apôtre, ou du politicien de bas étage qui s'acharne à le dénigrer sans l'avoir jamais connu ? »

Non, certes, on ne va sur ces plages meurtrières ni pour intriguer, ni pour faire fortune.

Ce qui nous y pousse, Lacordaire l'a dit dans une page immortelle.

Au cours d'une conférence sur l'Apostolat, il rappelait cette scène grandiose des Actes des apôtres :

« Saint Paul, étant sur les ruines de Troie, vit en songe un Macédo-

nien qui se tenait debout, et qui le priait : « Passe, lui disait-il, passe et
« viens à nous. »

« Ce Macédonien, Messieurs, c'est l'humanité tout entière, suppliante
de Dieu, lui demandant la vérité, et saint Paul, c'est nous tous qui
croyons comme lui, qui avons reçu comme lui les prémices de l'esprit
de vie et d'amour.

« Aujourd'hui comme alors, couché sur les ruines de Troie, cette vive
image de la désolation du monde, le Macédonien se dresse devant nous;
il nous prie debout, car il est pressé : « Passe, nous dit-il, passe et viens
« à nous ! »

« Et si la crainte du dévouement nous retient, si les labeurs, les
voyages, la faim, la soif, les supplices, nous effrayent, Dieu nous dit
comme à saint Paul dans un autre songe, le songe de Corinthe : « N'aie
« pas peur, parle et ne te tais pas, car j'ai un grand peuple à moi dans
« cette ville. »

Ce cri du Macédonien, il n'a pas cessé, Messieurs, de retentir à travers
l'Église. Ce cri, le missionnaire l'a entendu, et il a tout quitté pour y
répondre.

Ils ont tout quitté, ceux que j'ai laissés dans ces Indes lointaines, pour
lesquelles je vous implore aujourd'hui.

Ils étaient, après tout, de même race, de même chair que vous : leur
cœur, comme le vôtre, tenait par mille liens à ce que nous appelons
notre pays, notre famille, à tous les souvenirs du passé, à toutes les
joies du présent, aux espoirs dorés de l'avenir. Ces liens, ils les ont
brisés ! Je vois au collège de Trichinopoly dont il est depuis vingt ans
l'égide et le plus ferme soutien, un intendant militaire qui, jeune encore
et estimé de tous, a troqué sa solde et ses galons contre l'obéissance et
la pauvreté des religieux; dans le même collège, un ingénieur, ancien
polytechnicien, attaché naguère à l'une des plus grandes entreprises du
dix-neuvième siècle, a brisé avant sa trentième année une carrière des
plus brillantes pour enseigner les rudiments des mathématiques à des
élèves noirs; et ces autres, déjà pourvus de postes enviés dans nos diocèses de France, qui sont allés briguer, dans ces sables torrides, une
hutte couverte de palmes, aux murs d'argile crue, à la fois église et
presbytère. Tous ont sacrifié leur jeunesse, car il faut aller jeune là-bas
ou bien l'on meurt en arrivant, leur jeunesse et ses espérances et ses
illusions, sans aucun espoir de revenir jamais, et pourquoi?

Parce qu'ils ont entendu le cri des âmes, le cri de Dieu leur disant :
« Va, j'ai un grand peuple à moi là-bas ! »

Ce grand peuple, il est temps, Messieurs, que je vous le fasse connaître.

*
* *

Six fois au moins grande comme la France, l'Inde est, si l'on y comprend la Birmanie et les régions voisines de récente conquête, presque aussi peuplée que l'Europe entière.

Les derniers recensements, incomplets, j'en ai la conviction, en ce qui concerne les États vassaux et les tribus nomades, accusent en effet un chiffre global de près de trois cents millions d'âmes.

L'histoire de ce pays, plus ancienne que la nôtre, se confond trop avec la légende pour qu'on puisse assigner à l'une des deux des limites incontestées.

Peu distante, selon toute apparence, du berceau de la race humaine, la péninsule citragangétique fut d'abord le refuge des fils de Cham. Des

FIG. 2. — IDOLES DES CHEMINS DANS L'INDE AUSTRALE

infiltrations dravidiennes amenèrent, dans la suite des temps, le mélange du sang noir et du sang jaune.

Le flot aryen, venu du nord, submergea les deux races primitives sans les altérer complètement : et l'on trouve là-bas des blancs, des jaunes et des noirs avec les nuances intermédiaires.

L'Inde fut-elle politiquement homogène avant sa conquête par Alexandre? Aucun document positif n'en autorise la conjecture. Encore l'empire macédonien fut-il de durée si éphémère que l'unité indienne avait déjà disparu sous les Ptolémées. Les princes mogols essayèrent de la faire revivre : ils échouèrent. Au dix-huitième siècle, Dupleix l'avait rêvée au profit de la France. Au dix-neuvième, l'Angleterre la réalisa.

L'Inde britannique déborde au delà de l'Inde proprement dite. Elle va des pentes méridionales de l'Himalaya jusqu'aux îles Maldives, descend à l'ouest le long de l'Afganistan et de la Perse, borne à l'est la

Chine, le Tonkin, le Siam, échancre la presqu'île de Malacca, et se perd
au sud dans l'océan Indien.

L'Inde propre est divisée en trois présidences, celles du Bengale, de
Bombay, de Madras.

La présidence de Madras occupe le sud de la péninsule. C'est elle, si
vous le voulez bien, qui va surtout fixer aujourd'hui notre attention.
Plus que toute autre, elle a d'ailleurs été entamée par le christianisme.

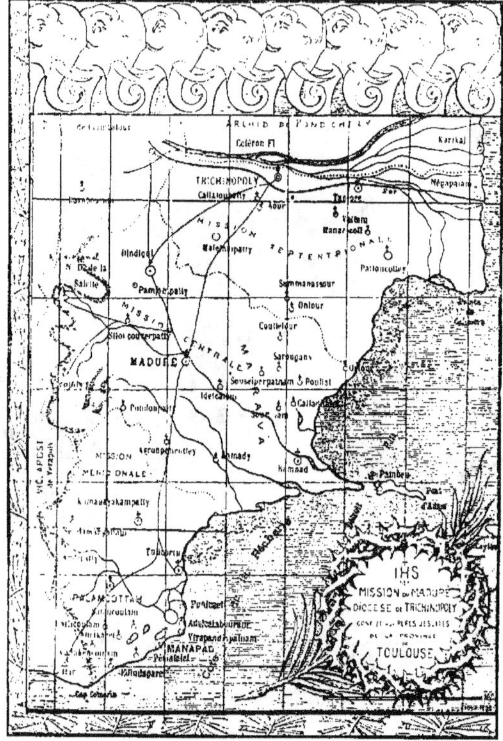

Parmi les diocèses qui la composent, le plus étendu comme territoire
et le plus florissant est, sans contredit, le diocèse de Trichinopoly, dont
les limites se confondent avec celles de la mission dite du Maduré.

Cette mission, plus vaste à elle seule que la Suisse, aussi peuplée que
la Belgique, puisqu'elle mesure environ 45 000 kilomètres carrés occupés
par six millions d'habitants, n'est évangélisée que par soixante-dix prêtres. Une phalange de jeunes missionnaires, au nombre de soixante à
peine, grandit, il est vrai, sur les sommets des Ghattes et se prépare à
combler les vides que fait sans cesse la mort parmi les combattants de

la plaine; mais combien ce chiffre est minime en regard de celui des
chrétiens qu'il faut affermir dans la foi, des païens et des musulmans
qu'il reste à gagner à Jésus-Christ!

* * *

La mission du Maduré n'est pas née d'hier; mais elle était morte en
même temps qu'au déclin du siècle de Louis XV, s'éteignait chez nous
la foi catholique.

Elle devait ressusciter avec l'Église : c'est pourquoi, sur un signe du
vicaire de Jésus-Christ, quatre missionnaires jésuites quittaient en 1837
les rives de France, pour aller aborder aux plages où jadis avaient touché
saint Thomas et saint François Xavier.

A saint Thomas revient en effet, suivant une tradition aujourd'hui
traitée de légende par la néo-critique, mais fort enracinée dans le pays,
à saint Thomas revient l'honneur d'avoir le premier prêché l'Évangile
aux peuples de l'Hindoustan.

J'ai vu de mes yeux la grotte qu'il habitait, le rocher qui lui servait de
chaire, la montagne où il cherchait un refuge contre les persécutions des
brahmes, le lieu de son supplice, l'emplacement de son tombeau.

Avant de mourir, le regard fixé sur l'Océan dont les vagues lointaines argentaient l'horizon, il avait dit à ses fidèles angoissés : « Ne
craignez rien, l'heure de Dieu sonnera. Quand la mer aura franchi
l'immense espace qui nous sépare d'elle, un autre viendra de l'Occident
comme j'en suis venu, qui prêchera le même Évangile et convertira
les foules au même Dieu. » Et les siècles avaient passé. La mer avançait
peu à peu : elle avait englouti et les verts cocotiers, et les rizières
opulentes, et les villes fameuses dont les ruines émergent encore,
à marée basse, le long des sables ardents : alors un autre prêtre accouru
d'Europe sur une nef portugaise, vint recueillir l'héritage du premier
apôtre des Indes et inaugurer à Goa cette merveilleuse épopée de dix
ans qui fit l'admiration du monde.

Vous avez nommé saint François Xavier : sa vie remplit une des plus
magnifiques pages de l'histoire de l'Église. Vous la connaissez trop,
Messieurs, pour que je m'attarde à vous la raconter.

Ce grand apôtre eut des successeurs et des successeurs illustres : le
martyr Jean de Britto, Robert de Nobili, les PP. Martin, Bouchet,
Beschi, et tant d'autres.

Ils travaillèrent si bien que le 2 décembre 1760, c'est-à-dire le jour où,
sur un ordre de Pombal, tous les missionnaires sujets de la couronne
portugaise furent condamnés à la déportation en haine de la foi, il n'y
avait pas moins d'un million de catholiques dans la péninsule : cent
quarante-huit religieux les évangélisaient.

Alors commença l'agonie de cette mission jusque-là si vivante. Cent
vingt-sept jésuites avaient été jetés à fond de cale comme des malfaiteurs.

Vingt-quatre moururent durant la traversée : un grand nombre périrent pendant les quinze années de captivité que les survivants subirent au fort Saint-Julien, près Lisbonne. Les autres consumèrent dans la douleur le reste de leur existence désemparée.

Vingt et un missionnaires étaient seuls demeurés dans l'Inde, chargés de subvenir aux besoins spirituels d'un million de néophytes. Ils succombèrent rapidement à la tâche. Les prêtres des Missions étrangères, leurs voisins, envoyés pour les secourir, recueillirent leur dernier souffle et se déclarèrent impuissants à continuer leur œuvre tout entière.

Dès lors les ministres de l'hérésie se jetèrent sur une proie facile à

FIG. 4. — ÉGLISE ET PRESBYTÈRE DE VILLAGE

dévorer, les schismatiques de Goa ravirent les épaves de ces chrétientés florissantes, et l'Église romaine perdit un des plus beaux fleurons de sa couronne.

** **

En 1831, venait de monter sur la chaire de saint Pierre, l'un des grands papes du dix-neuvième siècle, Grégoire XVI. La postérité devait lui décerner le titre de « Restaurateur des missions ». La mission des Indes était l'une des plus belles : l'une des premières elle éveilla les sollicitudes du pontife.

Dès 1832, est érigé le vicariat apostolique de Madras, puis ceux du Bengale et de Ceylan ; plus tard celui de Pondichéry est réorganisé. En même temps le pape s'efforce de faire rentrer dans l'obéissance les prêtres du diocèse de Goa, révoltés contre ses décisions souveraines.

Mais ces malheureux, plutôt que de se soumettre, préférent inaugurer le trop fameux *schisme goannais*.

Le pape fait alors appel à la Compagnie de Jésus. Le 24 octobre 1837, après cinq mois de navigation, abordent à Pondichéry quatre jésuites venus de France, les PP. Alexandre, Martin Louis du Ranquet, Garnier et Bertrand.

Le sud de l'Inde doit être le théâtre de leur apostolat.

Les limites de la mission nouvelle embrassent toute la côte de la Pêcherie, les anciens royaumes de Maduré, du Marava, de Tanjaour et une partie du Travancore.

* * *

On peut diviser cet immense espace en quatre grandes zones d'aspect bien différent.

La première comprend le delta du Caveri et les campagnes environnantes. Elle renferme les grandes villes de Trichinopoly, chef-lieu de la mission, de Négapatam et de Tanjore cédées aujourd'hui à Méliapour.

C'est une plaine riche et féconde où les cimes pressées des cocotiers ondulent comme les flots de la mer, où les rizières donnent jusqu'à trois récoltes annuelles, où les bananiers et la canne à sucre rétribuent avec largesse les habitants, si nombreux qu'on en compte deux cents à deux cent douze au kilomètre carré, c'est-à-dire cent trente-six de plus que la moyenne en France.

La population est beaucoup plus clairsemée dans le Marava. La terre noire et ingrate, appelée *karisel*, boueuse à la saison des pluies, dure en été comme le roc, nourrit difficilement ceux qui la cultivent. Le coton y est une des principales ressources, mais un coton maigre et court qui lutte à grand'peine contre celui d'Égypte parce qu'il ne peut être arrosé.

Des *ouranis*, sorte d'étangs, conservent l'eau du ciel pendant la saison sèche, car l'eau du sous-sol est salée; salée aussi, du moins en aval de Madura, l'eau du Périyar, fleuve détourné du Travancore et jeté dans le lit trop large du Vaïkai pour fertiliser les plaines sous-jacentes : mais, en traversant ce fond de mer mis à sec, il recueille plus de sel qu'il ne distribue d'or.

La région du Tinnevelly, très fertile au bas des montagnes et sur les bords du Tamburapurani, est sablonneuse et désolée ailleurs. De grands bois de palmiers y répandent çà et là une sombre verdure ; mais les droits onéreux qui frappent la distillation du vin de palmes, les tracasseries du fisc rendent cette industrie de plus en plus précaire.

Le choléra et les serpents infestent ces trois régions : la famine sévit souvent dans la dernière.

La zone montagneuse se déroule du nord au sud et dessine la limite occidentale de la mission. Elle est formée d'énormes jets granitiques, brusquement lancés au-dessus de la plaine, au milieu de laquelle émergent çà et là quelques monticules isolés. Les hauts sommets mesurent jusqu'à 2 690 mètres. Les pentes sont couvertes de frondaisons vierges, coupées de lacs et de cascades, peuplées de solitudes inviolées où le tigre, le bison, l'éléphant sauvage règnent en maîtres incontestés[1].

Seules, des tribus vagabondes et des missionnaires ont osé jusqu'ici les parcourir. Si les Européens ont fondé un grand sanatorium dans un endroit rendu plus accessible, la plus grande partie de ces montagnes demeure encore inexplorée. La fièvre en défend d'ailleurs les abords, la fièvre dont il est si difficile de fuir les atteintes.

Bien des années s'écouleront avant que l'on puisse entamer les populations errantes des Ghattes ; mais l'heure de la grâce sonnera enfin, et elles donneront aux missionnaires des consolations qu'ils n'auront goûtées nulle part ailleurs. Là, en effet, se forment aujourd'hui des réductions

FIG. 5. — UN LAC DANS LES GHATTES

dont la ferveur et la foi naïve rappellent les plus beaux jours du Paraguay.

* * *

Dans les quatre districts de Trichinopoly, de Madura, de Tinnevelly et de Tanjaour, les païens à évangéliser dépassent le chiffre de six millions : les cent cinquante mille chrétiens qui ont échappé à l'apostasie, sont soumis aux prêtres schismatiques. Aux mains de ces derniers ont passé toutes les paroisses, les œuvres, les ressources de la mission.

Les PP. Bertrand et Garnier pénètrent dans le nord, les PP. Martin et du Ranquet gagnent le sud du vaste territoire qui leur est assigné.

1. En 1903, les tigres et les serpents ont fait, dans les Indes, d'après une statistique officielle, vingt-trois mille victimes connues.

Aussitôt la lutte commence. Reçus en triomphe par les chrétiens comme les envoyés du pape, puis grâce aux intrigues goannaises, souvent à des surprises de procédure, ignominieusement expulsés de leurs églises, ils doivent abandonner, sous les huées de la foule païenne, les positions qu'ils ont emportées. Ils s'en rendent maîtres de nouveau par leur énergie et leur constance.

Mais quelle existence ne faut-il pas mener pour atteindre ce résultat ! « Nous courons, écrit l'un d'eux, d'un village à l'autre, sans poste fixe :

FIG. 6. — BŒUFS, VOITURE, ÉGLISE ET MAISON D'UN MISSIONNAIRE

c'est presque la vie du Juif errant. Nous restons huit, dix jours dans chaque chrétienté, exerçant tour à tour l'office de curé, de médecin, de juge de paix, etc. » « Notre nourriture, dit un autre, est le riz assaisonné d'une décoction de poivre. Nous y ajoutons du lait quand on nous en donne. Parfois on nous porte une maigre poule. C'est tout. Il est extraordinaire que nous ayons du pain, et quel pain ! Il faut le couper à la hache tant le soleil de l'Inde l'a durci. Réduit en miettes et bien broyé, puis ramolli dans l'eau chaude, il devient, avec un peu de thé ou de lait, notre mets le plus exquis.

« Le vin ne nous sert que pour le saint sacrifice. Encore sommes-nous très rationnés : une bouteille doit nous suffire pour vingt à trente messes. »

Et il ajoute avec humour :

« Ce régime a de grands avantages : il laisse l'estomac fort libre, ne porte pas à la gourmandise et fait gagner du temps. Songez donc : cinq minutes suffisent pour notre dîner. »

« Je vous ai dit que l'eau était notre seul breuvage. Savez-vous où nous la puisons ? Figurez-vous un étang chauffé par un ardent soleil, rempli, du matin au soir, de baigneurs, de blanchisseurs, de vaches et de buffles qui s'ébattent en remuant la vase. Dans cette mare votre cuisinier va, sans froncer le sourcil, puiser le liquide qu'il vous présente. »

Voilà pour le vivre, faut-il parler du couvert ?

« Dans les bourgades, c'est une petite baraque en murs de terre où vous ne pénétrez qu'en vous baissant profondément. La toiture en feuilles de palmiers est juste assez haute pour vous permettre de vous tenir debout ; il n'y a point de fenêtre. La cuisine se fait dans un coin de la chaumière, ce qui vous procure l'agrément de la fumée, les cheminées étant inconnues dans ce pays. Une natte étendue sur le sol, parfois sur deux ais juxtaposés, sert de siège et de lit. Les rats, les chauves-souris, des insectes de toute sorte, parfois des serpents et des scorpions partagent avec vous cette demeure. »

*
* *

Ces quelques détails, Messieurs, vous donnent à peine une faible idée des épreuves qui attendaient le missionnaire dans l'Inde. Et cependant les souffrances matérielles ne sont rien auprès des angoisses qui étreignirent à leur débarquement le cœur des quatre premiers apôtres du Maduré. Dès qu'ils eurent pris contact avec ces populations chrétiennes, quels abîmes de misère s'offrirent à leurs yeux :

« Beaucoup ont apostasié et sont passés aux protestants. Le reste vit comme les païens. Pas de catéchisme, d'instruction, de sermon. La pratique des sacrements est abandonnée ; on ne se confesse jamais ; le repos du dimanche est aboli ; le mariage n'est plus respecté ; l'ivrognerie et les vices qui l'accompagnent font, chez les femmes mêmes, d'effrayants ravages ; les diableries et les sortilèges sont en honneur. On en est arrivé, jusque chez les vieillards, à ne plus savoir faire le signe de la croix. »

Qui ne comprendrait qu'en pareil milieu les missionnaires durent être vite considérés comme des gêneurs !

On s'efforce de lasser leur patience, peine inutile. On a recours aux procès, au fer, au poison.

Le P. Garnier obtient gain de cause devant le tribunal militaire de Trichinopoly : il échappe par miracle au glaive d'un assassin qui s'arrête au moment de le frapper « parce que, dit-il, j'ai cru voir en lui Jésus-Christ lui-même ».

Le P. Bertrand, supérieur de la mission, dont la santé robuste a résisté à trois tentatives d'empoisonnement, tombe enfin après avoir absorbé de l'arsenic jeté dans le vin de la messe. Il traînera quelques semaines, puis devra regagner l'Europe sur l'ordre de ses supérieurs, inutilisé désormais pour les travaux apostoliques.

La maladie vient en aide à la méchanceté des hommes. Le choléra enlève brusquement les PP. Martin et du Ranquet. Une insolation terrasse le P. Garnier.

Des quatre vaillants missionnaires, au bout de cinq années, aucun ne reste debout. Ils ont été frappés sur la brèche, dans la fleur de leur âge et de leur ministère. Mais d'autres ont déjà volé sur leurs traces. De 1839 à 1846, plus de quarante nouveaux apôtres ont franchi la mer. Alors commence cette lutte sans merci entre la mort et l'héroïsme, où l'héroïsme finira par avoir raison de la mort. En moins de six ans, quinze prêtres succombent au début de leur apostolat. Sept meurent dans le cours d'une même année, quatre dans la même quinzaine : le P. de Saint-Ferréol est enlevé, le 19 juillet, avant d'avoir atteint sa trentième année, le jour même où il arrive dans sa première paroisse; le surlendemain meurt le P. O'Kenny, à l'âge de quarante-quatre ans ; puis le 22, le P. Audibert, recteur du collège de Négapatam : il entrait à peine dans sa trente-neuvième année ; sept jours plus tard le P. Barret, à l'âge de vingt-huit ans : il était arrivé dans la mission depuis six jours seulement.

Le choléra a fait toutes ces victimes.

« Ah ! terre de mort ! terre de mort ! » s'écrie le P. Van Tricht à la pensée des missionnaires moissonnés à Calcutta par un climat meurtrier. Combien cela est plus vrai du Maduré ! Ici le même soleil darde ses flèches de feu, non plus pendant les mois de l'été, mais durant l'année entière : il n'y a pas d'hiver, il n'y a pas de printemps ! Ici la *malaria perfide des jungles* ravage le pied des montagnes et les contrées environnantes. Ici le choléra règne en dominateur; et il se déclare toujours à l'improviste.

C'est, durant la saison des pluies, le vent du nord qui saisit les entrailles; c'est une eau souillée que l'on absorbe à la hâte; c'est un aliment que l'imprudence aura contaminé. En six, huit heures, tout est fini ! Trop souvent les meilleurs remèdes demeurent sans effet.

Lorsque la nouvelle de ces deuils presque simultanés parvient en Europe, une indicible stupeur envahit l'âme des frères qui naguère applaudissaient au départ de ces héros déjà tombés. Mais cette stupeur n'est point de la crainte. Le R. P. Maillard, supérieur des provinces alors réunies de Lyon et de Toulouse, adresse à ses religieux une lettre demeurée fameuse qu'il a intitulée : « Appel aux braves ! » Et les braves répondent par centaines. Il ne peut satisfaire qu'une infime partie des solliciteurs. Et quelle ferveur dans leurs demandes !

Écoutez plutôt :

« C'est surtout au moment où la mort vient de faire éprouver à la mission du Maduré des pertes si cruelles que je me sens plus vivement pressé de me mettre sur les rangs. J'ai la douce confiance que vous ne me refuserez pas d'aller prendre part aux travaux de nos frères et de donner au besoin ma vie pour le bien de cette chère mission. »

« A ces braves qui meurent, écrit un autre, il faut des successeurs. Eh bien ! me voici. Trop heureux si vous daignez m'appeler à prendre leur place, à combattre et à mourir comme eux. »

« Cette terrible nouvelle, ajoute un troisième, m'a mis le feu au cœur. Me voici donc à vous, mon Révérend Père. J'ai, ce me semble, un désir

FIG. 6. — UNE CHRÉTIENNE

brûlant de mourir pour Jésus-Christ ; si ma demande est favorablement accueillie, je serai au comble de mes vœux ! »

Ils savent pourtant où ils vont. Le P. Bertrand ne leur a-t-il pas mandé : « Nous sommes ici, à l'enseigne de la Croix, pleins de confiance et de consolation dans la perspective d'une espèce de martyre. » Et non sans raison il a ajouté : « Ah ! comme nos frères de France vont envier notre bonheur et désirer de le partager ! »

Ils le partagèrent si bien et si vite que sur les trois cent soixante-dix missionnaires envoyés au Maduré depuis la fondation de la mission, deux cents environ sont déjà morts, une vingtaine au moins ont terminé au ciel leur première année d'apostolat. Un plus grand nombre ont vécu à peine deux, trois, quatre et cinq ans, à telle enseigne que la durée moyenne d'une vie de missionnaire dans le sud de l'Inde fut, durant une longue période de temps, de deux ans et demi à peine. Terre de mort ! Terre de mort !

Mais, sanglant ou non, le martyre a toujours porté dans l'Église des fruits merveilleux. A cette heure, le schisme a disparu presque complètement du Maduré, l'hérésie a restitué beaucoup de ses conquêtes et ne fait guère de recrues nouvelles ; le paganisme entamé par bien des côtés reste encore la religion de l'immense masse ; mais les défections y deviennent tous les jours plus nombreuses et plus éclatantes.

En effet, non seulement les Pères ont rattaché à l'Église romaine les cent cinquante mille chrétiens que les événements avaient jetés dans les bras des goannais ; mais le chiffre des conversions qu'ils ont opérées parmi les protestants et les païens, celui des baptèmes qu'ils ont administrés depuis leur arrivée dans l'Hindoustan a depuis bien des années dépassé le million, à tel point qu'ils dirigent aujourd'hui une population d'environ deux cent cinquante mille fidèles.

Et ne croyez pas, Messieurs, que les Indiens soient venus à nous sans efforts et sans combats.

Les protestants, à l'arrivée des missionnaires catholiques, traitaient l'Inde en pays conquis. Ils avaient mis à profit la suppression des Jésuites pour fonder les deux chrétientés de Trichinopoly et de Tanjaour.

Huit à dix sectes ou sociétés différentes, toutes hérétiques, avaient jeté sur la péninsule une armée de prédicants encouragés et soutenus par d'énormes rétributions. Le premier évêque anglican, Middleton, recevait, à lui seul, un traitement de 5 000 livres (125 000 fr.) sans compter les frais de déplacement parfois presque aussi onéreux. Vous me taxeriez peut-être d'exagération si j'osais vous dire le chiffre global des sommes absorbées chaque année par ces nouveaux ouvriers évangéliques. Je préfère le demander à l'un des leurs. Un presbytérien avouait, dès 1851, que le revenu annuel des seules missions protestantes de l'Inde dépassait d'un cinquième les subventions de toutes les missions catholiques du monde.

Eh bien ! il faut le redire, à notre époque surtout, si l'argent est fort quand il devient l'auxiliaire de la foi et du dévouement, il ne peut jamais prétendre à les remplacer.

Les protestants ont mis d'abord tout en œuvre pour entraver l'élan des populations vers nous : calomnies, menaces, procès, mauvais traitements, tout leur a été bon. Ils avaient et l'avantage d'une possession incontestée, et le secours de la protection officielle, et des ressources de toute nature. La partie a néanmoins été perdue pour eux : à cette heure, l'unique désir de nos rivaux est de trouver en nous des amis, non des adversaires. Et il ne dépendrait que de nous de marcher avec eux la main dans la main, si l'erreur pouvait jamais marcher, la main dans la main, avec la vérité.

*　*

La lutte contre les hérétiques a été chaude : plus terrible encore celle qu'il a fallu engager contre les fauteurs du schisme goannais.

Avant le dix-neuvième siècle, le Portugal a gardé ou peu s'en faut le monopole de l'apostolat parmi les populations de l'Inde. Pombal prétend conserver ces privilèges sans assumer les charges qui les ont légitimés. Il supprime les Jésuites, mais ne les remplace pas. Le pape rattache alors les missions du sud au diocèse de Pondichéry. Les Portugais dénoncent à l'Angleterre les missionnaires français comme espions de Tippo-Sahib, ennemi des Anglais ; ils font ordonner à la hâte quelques indigènes sans études théologiques d'aucune sorte et les mettent à la tête des chrétientés. La Compagnie des Indes, compagnie anglaise,

FIG. 7. — UN MISSIONNAIRE INDIGÈNE ET SA PAROISSE

leur prête main-forte et chasse, au nom du gouvernement britannique, tous les prêtres envoyés par Rome.

Cette douloureuse situation dure trente ans pendant lesquels se multiplient les apostasies.

Quand Grégoire XVI ordonne aux Jésuites français d'aller prendre possession du Maduré, la reine du Portugal nomme, sans l'avis du Saint-Siège, un évêque à Méliapour. L'archevêque de Goa qui a signé, entre les mains du nonce, le serment d'observer inviolablement les décrets du pape, devient infidèle à ses promesses. Il confère d'un seul coup l'ordination sacerdotale à six cents créoles ou Indiens mal instruits et les envoie à l'assaut des paroisses assignées par le Saint-Siège aux missionnaires français.

Je ne vous raconterai pas, Messieurs, les diverses phases de cette lutte de soixante-quatre ans qui, si elle a pris fin aujourd'hui, a longtemps empêché la conversion d'un grand nombre d'âmes. Ce que j'en ai dit vous suffira peut-être à imaginer combien grandes furent, de ce côté, les

tribulations des missionnaires. N'importe ! Ici encore, la constance
aura triomphé de l'épreuve.

** **

Mais la mission, la vraie mission, c'est l'apostolat auprès des païens.
Elle revêt dans l'Inde un caractère spécial et de particulières difficultés.

FIG. .. — LA CHAPELLE DES BRAHMES CATHOLIQUES A TRICHINOPOLI

Qui de vous, Messieurs, n'a entendu parler du nombre considérable de
castes qui se partagent la péninsule hindoue ! Nulle part elles ne sont
plus vivaces que dans le sud.

On donne le nom de caste à un groupe d'individus issus d'une souche
commune et ne pouvant se marier qu'entre eux, exerçant exclusivement certains métiers ou professions et ne pouvant en exercer d'autres,
ayant dans leur groupe certaines relations qu'il leur est interdit d'avoir
avec les castes différentes.

Vers l'époque où les fils de Japhet, Aryas ou Aryens, franchirent le

Caucase et déversèrent sur l'Occident les hordes grossières qui devaient
plus tard civiliser l'Europe et par elle le monde, une autre branche de
la même famille infléchit vers l'est sa marche conquérante et fixa dans
les radieuses plaines de l'Hindoustan ses tentes jusque-là vagabondes.
Fils d'un père unique, il ne connaissaient encore aucune distinction de
caste : l'évolution naturelle de l'État qu'ils venaient de fonder opéra
dans leur masse homogène des séparations que les siècles accentuèrent
de plus en plus.

Cela n'a point lieu de nous surprendre : un phénomène identique ne
s'est-il pas produit chez nous, moins accentué sans doute qu'en Orient
où le soleil pousse tout aux extrêmes, mais assez nettement marqué
pour que l'analogie demeure frappante ?

Lorsque, après l'invasion des barbares, les premières communautés
chrétiennes se ressaisirent et formèrent sous l'égide des moines et des
évêques le noyau des peuples actuels, trois classes d'hommes consti-
tuèrent, dès le début, la société naissante : au-dessus des autres le
clergé, intermédiaire entre le ciel et le peuple croyant; aux frontières
la noblesse d'abord exclusivement composée de guerriers ayant en
leurs mains la défense du sol; enfin les cultivateurs, les commerçants,
les industriels, tous les gens de métier qui formèrent la bourgeoisie;
au-dessous de tous, les serfs. Les « trois ordres » se tranchèrent dans
le cours des âges et devinrent de vraies castes.

En Orient les choses allèrent aussi vite et les divisions furent plus
profondes encore.

Les brahmes ou brahmanes, les Kshatryas, les Vaïssyas, les Soudras,
ne furent-ils point à l'origine les prêtres, les guerriers, les commerçants
et les artisans de la nation nouvelle ? Aucun doute n'est possible à cet
égard.

Mais tandis que les prêtres conservaient sans mélange l'intégrale
pureté de leur sang, les guerriers contractèrent avec les peuples conquis des unions fréquentes : les laboureurs et tous gens de commerce
ou d'industrie furent encore plus exposés à les imiter. Dès lors les
brahmes seuls se considérèrent comme de vrais Aryens; ils ne tardè-
rent pas à mépriser les autres et à s'estimer à tel point au-dessus d'eux
qu'ils s'attribuèrent une plus haute origine. On connaît le vieil adage
hindou : « Le brahme est né de la bouche de Brahma, le Kshatrya de
son bras, le Vaïssya de sa cuisse et le Soudra de son pied. » Chacune
de ces castes se subdivisa plus tard à l'infini.

Le paria, race inférieure aborigène dans laquelle est constamment
versé le rebut des autres castes, est lui-même hors caste. Sa condition
est encore plus méprisable que celle de nos anciens serfs.

Le brahme se crut de bonne heure l'égal des dieux et il en vint jusqu'à
dire : « L'univers est sous la domination des divinités, les dieux obéis-

sent aux *mantras* (prières magiques), les *mantras* sont au pouvoir des brahmes. »

Et les autres castes ajoutaient en matière de conclusion : Les *brahmes sont nos dieux*.

Cette persuasion est demeurée telle qu'à l'heure présente elle dirige

encore les masses dans l'Hindoustan. Si l'éducation moderne a affaibli chez ceux qui étudient le superstitieux prestige attaché à cette caste orgueilleuse, le respect dont les brahmes sont environnés, l'autorité morale qu'ils exercent et dont ils abusent démontrent à l'évidence qu'ils sont encore les vrais maîtres de l'Inde.

Vous voyez déjà, Messieurs, quelle conséquence s'impose pour le missionnaire : s'il veut des conversions nombreuses et éclatantes, il devra surtout chercher à convertir des brahmes : les autres viendront en foule après eux.

Ne croyez point que cela soit chose bien aisée. On compte parmi les brahmes, car leur orgueil devait fatalement les entraîner à se diviser entre eux : on compte, dis-je, parmi les brahmes, mille huit cents castes. Toutes sont d'accord pour regarder le christianisme, et surtout le catholicisme, comme l'ennemi.

Dès le dix-septième siècle, un missionnaire fameux, le P. de Nobili, fit brèche à leur résistance et en convertit de vingt à trente environ, peut-être davantage. Plusieurs de ses successeurs ne furent pas moins heureux : mais lorsque, après une interruption de près d'un siècle, la mission nouvelle du Maduré fut établie, nos missionnaires luttèrent en vain pendant cinquante ans sans les entamer à nouveau. C'est seulement dans ces dernières années qu'un homme de cœur, le P. Billard, a recueilli le fruit de tant d'efforts, grâce à son abnégation personnelle : il a lieu de se montrer fier des enfants qu'il a donnés à l'Église.

FIG. 12. — TYPE DE BRAHME

Tout brahme converti est chassé de sa caste, privé de ses biens, abandonné de ses proches, on lui enlève jusqu'à sa femme et ses enfants[1].

Malgré ces terribles épreuves, une trentaine au moins de néophytes ont embrassé la foi catholique : on a dit ailleurs par quelles tortures physiques et morales ils ont dû passer, je ne le répéterai point ici.

****

Ces conversions généreuses sont une éloquente réplique à certaines gens qui, pour couvrir leur refus, répondent à ceux qui leur demandent l'aumône pour les missions : « Ils se convertissent pour de l'argent, mais quand l'argent est dépensé, ils retournent au paganisme. »

L'Indien est parfois inconstant, c'est vrai. Ne le sommes-nous pas nous-mêmes, nous qui retournons si souvent aux fautes dont nous avons eu cependant un vrai repentir ? Mais de là à l'apostasie il y a loin. On rencontre souvent au contraire des âmes d'un héroïsme qui ne le cède en rien à celui des martyrs de la primitive Église. Il y a des martyrs

---

1. Le premier brahme converti fut un de nos plus brillants élèves du collège de Trichinopoly. Il venait de terminer ses études et se montrait si peu disposé à répondre à l'appel des missionnaires, que, peu de mois auparavant, il avait suscité parmi ses condisciples une terrible révolte contre les Pères.

Un coup de grâce le terrassa. « Vos raisonnements n'y ont rien fait, disait-il plus tard au P. Billard : mais je vous ai étudiés, surveillés de très près, et, quand j'ai vu que votre vie était conforme à vos enseignements et que ces enseignements étaient si parfaits, j'ai été poussé vers vous. »

Cet exemple fut suivi par de jeunes brahmes des plus distingués. Mais aussitôt la caste entière s'émut. Mauvais traitements, procès, rien ne fut épargné pour arracher aux missionnaires leurs nouveaux enfants : On enleva les femmes des convertis, on les arrêta eux-mêmes, on les battit. On multiplia les espions autour des Pères du collège et des élèves qui suivent leurs leçons, à tel point qu'un enfant brahme ne peut s'entretenir en particulier avec ses professeurs sans être aussitôt dénoncé.

La guerre déchaînée se poursuit avec rage.

En décembre 1903, pendant le congrès national hindou, plusieurs orateurs ont fulminé des anathèmes contre notre collège de Trichinopoly. Enfin, en janvier 1904, la fameuse théosophiste Annie Besant est venue, au milieu d'un immense concours, adjurer, dans une série de conférences, la jeunesse brahme de demeurer fidèle à la religion de ses ancêtres et de répudier les doctrines chrétiennes, bonnes, disait-elle, pour l'Europe, mais non pour l'Inde. Elle oubliait qu'elle, européenne, avait cependant renié sa religion pour singer l'hindouisme.

aussi dans l'Inde, témoin ce Tevasagaiam qui montera peut-être un jour sur les autels.

De race noble, il avait gagné la faveur du rajah de Travancore et obtenu par son mérite un commandement dans ses armées. Un officier français le convertit. Les brahmes mirent tout en œuvre pour le faire revenir à ses anciennes erreurs : peine perdue. Ils l'accusèrent de trahison et le firent condamner à mort. Tevasagaiam n'attendait plus que le coup mortel, lorsque le prince craignit de s'attirer la colère du ciel et le renvoya en prison, mais sans pour cela renoncer à lui faire abandonner le catholicisme.

« Reviens à la religion de tes ancêtres, lui dit-il, et je te rendrai ton grade, mes faveurs et mon amitié.

— Je préfère l'amitié du Roi des rois », répondit le martyr.

Cette réponse exaspéra le rajah qui donna le signal des supplices.

Tevasagaiam devait d'abord être déshonoré aux yeux du peuple. On hissa sur un buffle le vaillant général et on le promena ainsi, les mains liées derrière le dos, de village en village, par tout le royaume. De temps à autre on le flagellait sans pitié avec des verges hérissées d'épines, et quand le sang avait jailli à flots de ses blessures, on jetait dans les plaies béantes du poivre pilé. Puis on l'exposait de nouveau aux injures de la populace.

Il endurait avec une patience qui tient du prodige ces intolérables souffrances. Un jour on avait déchiré son visage à coups de lanière et on le frottait avec une poudre corrosive : « Vous oubliez les yeux, dit-il à ses bourreaux : cependant, quand j'étais jeune, ils ont offensé Jésus-Christ. »

Cette constance attendrit et émerveilla les foules. Elles se mirent à le suivre partout. Le roi en prit ombrage, il le fit enfermer dans sa capitale à Trivandrum. Là encore, il fallut le soustraire à l'avidité des chrétiens et des païens qui assiégeaient nuit et jour, pour le voir un instant, la porte de son cachot. On le transféra à l'autre extrémité du royaume, dans un désert brûlant, et on l'attacha au tronc d'un palmier.

Tous les jours on lui apportait un peu de nourriture, mais sans desserrer ses liens. Comment ce martyre put-il se prolonger sept mois sans que la mort y mit trève ? Cela est humainement inexplicable.

Les bourreaux se lassèrent les premiers.

« Échappez-vous, lui dit l'un d'eux, nous ne vous poursuivrons pas. » Le martyr refusa noblement.

Alors ses gardiens émus allongèrent sa chaine et construisirent au-dessus de sa tête un abri pour le préserver du soleil.

Un missionnaire pénétra jusqu'à lui et le réconforta par la sainte communion.

Cette captivité se prolongea deux ans. On avait fini par découvrir la retraite du confesseur de la foi, les foules accoururent à lui comme par le passé. Dieu prit plaisir à manifester par d'éclatants miracles la sainteté de son serviteur.

L'heure de la récompense sonna enfin. Trois soldats vinrent le saisir au milieu de la nuit :

« Nous allons vous changer de prison.

— Non, le rajah vous envoie pour me mettre à mort. Dieu soit béni ! »

Arrivé sur le lieu du supplice, il pria ; puis :

« Faites votre office, dit-il, je suis prêt. »

FIG. 11. — CHAPELLE ET VILLAGE DES BRAHMES CONVERTIS

Une première décharge le jeta à terre.

Il fallut encore trois coups de feu pour l'achever.

Tevasagaiam avait quarante-sept ans. Il était chrétien depuis quatre années ; son martyre durait depuis trois ans.

*
* *

Cet exemple est l'un des plus admirables. Ne croyez pas, Messieurs, qu'il soit unique dans les annales du christianisme aux Indes.

On a déjà publié des volumes sur les conversions qui s'y multiplient, grâce au dévouement sans mesure des missionnaires. Sans doute les nouveaux convertis ne sont pas tous, du jour au lendemain, capables d'affronter le martyre, et s'ils savent bien leurs prières et leur catéchisme, ils ne sont pas toujours assez instruits pour soutenir une discussion théologique. Et qui donc leur en donnerait les moyens ? Deux villes seulement, Tuticorin et Manapad, offrent des postes sédentaires. Les plus petites paroisses ont d'ordinaire quatre mille chrétiens épars dans une vingtaine de villages ; mais il y en a souvent douze et quatorze mille disséminés dans cent ou cent vingt bourgades. Pour les visiter, le pan-

gouswami doit passer en voyage dans son char à bœufs, véritable étuve
ambulante, jusqu'à deux cents jours par année.

Néanmoins les conversions sont nombreuses : elles semblent sincères.
Les nouveaux chrétiens se mettent avec ardeur à la pratique de la religion du Christ.

Quels résultats n'obtiendrait-on pas, si les hommes ne faisaient pas
défaut !

Il y a, dans la montagne, des sauvages qui reçoivent à peine une fois
l'an la visite du missionnaire. J'arrivai un jour dans une ville où le

FIG. 12. — LE VANDI, OU CHAR A BŒUFS

Habitation de quelques missionnaires pendant deux cents jours de l'année.

prêtre n'avait point paru depuis deux années. Deux cents chrétiens au
moins y habitent : « Il y a ici, nous dirent-ils, trois à quatre cents
païens qui font avec nous la prière. Ils seraient baptisés depuis longtemps si le Père venait : un nombre au moins égal de parents et d'amis
les imiteraient aussitôt. » « Vous entendez, me dit le Père supérieur du
district qui m'accompagnait. C'est partout le même refrain : mais je n'ai
pas d'hommes ! Ah ! si l'on savait en Europe combien d'âmes se perdent
ici, faute de prêtres ! que de prêtres viendraient ! que de jeunes gens
voleraient à notre secours ! »

Il me resterait, Messieurs, pour vous faire connaître dans une juste
mesure la mission du Maduré, à vous mettre rapidement au courant
des œuvres qu'elle entretient. Le temps ne me le permet plus.

Parmi ces œuvres, il en est une cependant qui revêt une telle impor-
tance que je ne puis la taire : c'est l'œuvre des collèges.

Les hautes castes de l'Inde sont naturellement ouvertes aux travaux
de l'esprit. Dès que l'instruction leur a été offerte, elles se sont avide-

ment précipitées dans les écoles. Les protestants de toutes sectes, les païens eux-mêmes ouvraient des établissements, formaient des professeurs, attiraient des élèves ; les catholiques ne pouvaient demeurer en arrière.

Le collège de Trichinopoly, fondé en 1883, compte aujourd'hui près de mille huit cents élèves dont six cents catholiques, le reste païen.

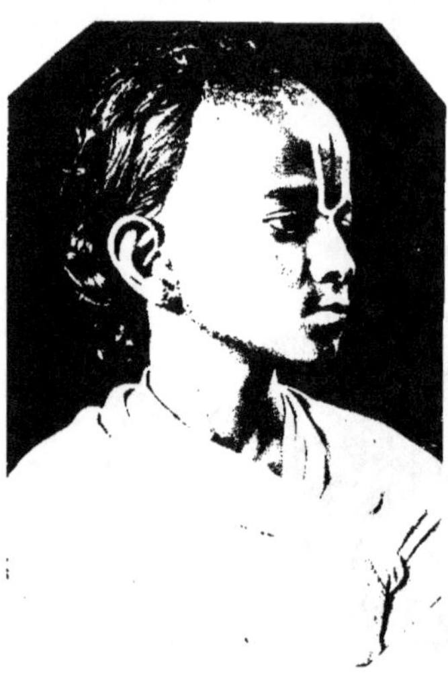

FIG. 13. — JEUNE BRAHME VICHNOUVISTE AU COLLÈGE DE TRICHINOPOLY

Parmi les païens, les brahmes forment la majorité. Si nous ajoutons à ce chiffre de mille huit cents élèves celui des petites écoles qui y préparent et en relèvent, le nombre total des écoliers dépasse deux mille cinq cents. Il y a parmi eux plusieurs élèves venus de Pondichéry et des autres possessions françaises de l'Inde.

Sur les soixante-dix prêtres de la mission, quinze ont été détachés pour s'occuper exclusivement du collège : on leur a adjoint une vingtaine de jeunes professeurs ayant terminé leurs études philosophiques et se préparant au sacerdoce par l'exercice de l'apostolat auprès des enfants. Le reste du personnel est formé de laïques.

Un deuxième collège a été inauguré l'année dernière à Madura, ville comptant, ainsi que Trichinopoly, plus de cent mille habitants. De nombreux élèves ont déjà répondu à l'appel.

Deux autres établissements, fondés il y a quelques années, l'un à Palamcottah, l'autre à Tuticorin, attirent le premier six cents, le deuxième trois cents enfants environ.

Chacune de ces écoles est dirigée par un missionnaire ayant sous ses ordres des professeurs laïques.

Huit prêtres sont en outre affectés à un *scolasticat* ou séminaire où se font les études de lettres, de sciences et de philosophie, auxquelles doivent vaquer, pendant cinq ans, après leur noviciat et avant leurs études théologiques, tous les jeunes gens, déjà bacheliers au moins pour la plupart, qui se destinent à la mission.

Cette formation est indispensable, si l'on veut garder au collège son renom, à nos professeurs la réputation de science qu'ils ont si justement méritée.

Le gouvernement du pays, très libéral en matière d'instruction, n'a jamais cessé de favoriser la création d'écoles nouvelles. Ses programmes, fort étendus, ont toujours visé à hausser le niveau des études; mais l'assiduité des Indiens, leur acharnement au travail a été tel que le nombre des gradués s'est rapidement accru jusqu'à devenir embarrassant.

Les carrières dont les diplômes ouvraient les portes ont été assaillies, les candidats sont devenus légion; et, à cette heure, le gouvernement effrayé de ne plus avoir assez de places à distribuer, essaye de dériver vers les études industrielles et commerciales le flot toujours accru des étudiants.

Ce sera, dans l'Inde, une tâche très ardue, car les hautes castes ont de tout temps considéré comme une déchéance d'embrasser un état autre que les carrières réputées libérales.

On s'est mis à l'œuvre néanmoins et on a fondé des écoles d'agriculture, des écoles industrielles ou professionnelles dont les débuts ont été très pénibles, mais dont les progrès deviennent encourageants.

FIG. 11. — ÉLÈVE CHRÉTIEN DE LA CASTE DES CALLERS

***

Ce n'est point à la légère que la mission catholique a résolu de marcher à son tour dans cette voie. Les ressources, trop insuffisantes pour maintenir au niveau désiré les œuvres anciennes, manquent complètement pour la fondation d'œuvres nouvelles.

« Et cependant, me disait le supérieur général, il faut aller de l'avant quand même. Dieu nous aidera! Partez pour la France. Vous trouverez encore là-bas des âmes généreuses et compatissantes. Faites appel à leur charité. »

***

C'est en effet, Messieurs, une belle œuvre que je vous propose : donner aux Indiens un enseignement qui leur permette de faire face aux nécessités de la vie. Difficilement on se fait en Europe une idée exacte de l'immensité de ces besoins.

La densité moyenne de la population en France est de soixante-douze habitants par kilomètre carré. Elle atteint, je vous l'ai dit, dans les deltas du sud-ouest de l'Inde, le chiffre de deux cents pour le même espace. C'est dire que le sol ne suffit point à nourrir les habitants. Le

revenu moyen par jour d'un indigène est de 7 centimes. Si frugale que
soit la table, comment vivre de si peu?

Aussi dans ces foules souffreteuses qui jamais ne mangent à leur faim,
les épidémies, les maladies contagieuses, surtout la peste et le choléra,
font-elles des ravages épouvantables. En quelques mois des villes popu-

FIG. 15. — SCOLASTICAT DE SHEMBAGANUR

leuses perdent le tiers et jusqu'à la moitié de leurs habitants. Mais
lorsque la pluie vient à manquer, le jour où les récoltes font défaut,
c'est le peuple entier qui pâtit à en mourir.

Et ils en meurent, hélas! non par milliers, mais par millions. La seule
famine de 1877 avait enlevé à l'Hindoustan cinq millions d'habitants.
De 1886 à 1900, en quatorze années, il en est mort, d'après les statistiques [1]
environ dix-neuf millions. Et vous pouvez estimer qu'en trente ans la
faim a fait dans l'Inde plus de trente-huit millions de victimes. Trente-
huit millions, ce chiffre est bien vite jeté! Mais réfléchissez, Messieurs,
que c'est là la population de la France. Un peuple grand comme la
France, mourant de faim en trente ans. Calculez tout ce que ce chiffre
suppose de douleurs, de désespoirs!

Qui n'a lu les pages désolantes où un voyageur célèbre décrit l'Inde
affamée? Qui n'a entendu « cette clameur très spéciale qui tout de suite
vous glace avant même qu'on ait bien compris »? Ici « la clameur de ces
voix enfantines, de ces pauvres petits êtres se pressant contre les bar-
rières de chemin de fer et tendant leurs mains desséchées, au bout

1. Statistique du *Statesman*, de Calcutta.

des os qui sont leurs bras! Sous leur peau brune, aux plis retombants, tout leur frêle squelette se dessine à faire peur; on dirait qu'ils n'ont pas d'entrailles tant leur ventre est plat, et des mouches se sont collées à leurs paupières, à leurs lèvres, pour y boire tout ce qui reste d'humidité. Ils n'ont plus de souffle, presque plus de vie... »

Plus loin ce sont « des tas humains, noirâtres et comme vautrés dans la cendre... On dirait des squelettes sur lesquels de la basane serait collée... C'est quelque chose comme un champ de bataille longtemps après la déroute ; quelque chose comme une jonchée de cadavres longuement desséchés au soleil, mais des cadavres qu'on entendrait souffler, des cadavres qui remueraient...

« Quelle pitié que ces grands yeux ouverts exprimant l'infini morne de la désespérance, et ces corbeaux perchés au-dessus des mourants et ne les perdant pas de vue, attendant qu'il soit l'heure... »

*
* *

Comment diminuer le nombre des victimes ? Par des aumônes ? Sans doute. Mais l'Indien vit au jour le jour et il meurt avant que l'aumône ne soit venue, car il n'a pas de réserves pour l'attendre.

Il doit donc apprendre à gagner sa vie autrement que par le travail de la terre, et pour cela être initié aux métiers et professions qui peuvent lui donner du pain.

Ces métiers deviennent de jour en jour plus nombreux. La construction des chemins de fer, l'affluence des étrangers, l'accroissement des transactions commerciales, l'inévitable envahissement des exigences de la civilisation, sont autant de causes devant créer des débouchés nouveaux à l'industrie et au commerce.

Mais l'Indien, surtout l'Indien des castes moins privilégiées, celui qui meurt de faim, n'a aucune notion de ces choses. Ces millions de mourants ont le pain à leur porte et personne n'est là pour le leur rompre.

Le salut de l'Inde, c'est l'école professionnelle. Sans doute la fondation de ces établissements demandera des sommes énormes : leur direction et leur entretien exigeront une patience et un dévouement dont on n'a pas l'idée chez les peuples civilisés. L'Indien est insouciant : il n'a ni la prévoyance, ni la constance indispensables pour arriver au bout d'une instruction de ce genre : force sera d'user de tous les moyens pour l'y assujettir. Ce sera l'œuvre des missionnaires.

La vôtre, Mesdames, Messieurs, sera de venir en aide aux uns et aux autres, et c'est pour cela que je vous tends aujourd'hui la main.

Je ne vous demande pas une aumône destinée à être aussitôt consommée que reçue. Elle portera de plus longs fruits si nous l'employons à édifier et à mener à fin ces écoles professionnelles par lesquelles vous allez soulager tant d'infortunes insoupçonnées et jusqu'ici irrémédiablement fatales.

Je voudrais que, née dans le sud de l'Inde, cette œuvre, chrétienne s'il en fut, se propageât rapidement dans le centre et le nord et envahit ensuite tous les pays qui ont faim.

Les districts de Trichinopoly, de Madura, de Tinnevelly possèdent chacun un orphelinat catholique. Ces orphelinats seront la base et le point de départ des écoles nouvelles.

Un Institut d'arts industriels sera fondé sur la frontière de l'État indépendant du Travancore, dès que les ressources le permettront.

FIG. 17. — LES ORPHELINS D'ADEIKALAPURAM

Il pourra recevoir, s'ils y veulent venir, les enfants de nos colonies de Pondichéry et de Karikal.

Il aura pour but d'initier les indigènes aux arts et métiers d'Europe et de restaurer parmi eux des industries locales disparues dans les longues guerres qui ont désolé leur pays.

Si je parlais à des industriels et à des commerçants, je leur dirais que, formés par des Français, à l'aide de méthodes françaises, ces Indiens que vous aurez instruits et sauvés apporteront à notre commerce un contingent que plusieurs de nos compatriotes établis dans ces régions escomptent déjà.

Beaucoup nous ont encouragés dans notre dessein.

Un des plus ardents fut sans contredit ce pauvre Odendhal, nature vaillante et généreuse, qui vient d'être torturé et brûlé vif dans les forêts du Laos.

Ancien résident d'une des provinces de l'Annam, il avait, à son retour en Indo-Chine, passé près de deux mois dans le sud de l'Inde, vivant avec nous de la vie du missionnaire. Intrépide et chevaleresque, il avait l'habitude d'aborder sans armes les peuplades sauvages parmi lesquelles il voyageait. Vainement on l'invitait à une prudence qu'il ne comprenait pas : il a été victime de son courage. En même temps que la nouvelle de sa mort, je recevais de lui une longue relation sur l'état des écoles industrielles fondées dans nos colonies. Ce furent peut-être les dernières lignes qu'il écrivit. Il a été, Messieurs, l'un des premiers bienfaiteurs de notre œuvre naissante : qu'il me soit permis de lui adresser un souvenir plein d'émotion et de gratitude.

Mais ce n'est point aux industriels et aux commerçants que je m'adresse : c'est aux chrétiens.

Un jour saint Vincent de Paul, à bout de ressources, prit entre ses bras deux ou trois de ses enfants trouvés et se présenta dans une réunion de Françaises dont sa charité avait trop souvent mis à sec les bourses, si bien garnies qu'elles fussent. Devant l'hésitation de ces femmes généreuses déjà appauvries par de multiples aumônes, son zèle ne sut point reculer. Il fit à l'assemblée un tableau pathétique des souffrances de ces petits êtres ; il en appela au dévouement des personnes présentes par ces mots demeurés célèbres : « Or sus, Mesdames, voulez-vous qu'ils meurent? » Et aussitôt, colliers et bracelets, bourses et bijoux tombèrent à flots dans son aumônière.

Eh bien! ce n'est pas quelques douzaines, quelques centaines d'enfants trouvés qu'il s'agit d'arracher à la mort. C'est un peuple entier. c'est un grand peuple qui se meurt et qu'il faut secourir.

Vous avez, je le sais, des charges et des charges, et elles augmentent de jour en jour ; par contre vos ressources diminuent.

Les œuvres que vous soutenez sont des œuvres exclusivement françaises et elles vous tiennent par cela même plus au cœur. Mais, croyez-vous donc que, dans la balance divine, pour le salut même de votre pays, l'aumône que vous ferez à ces pauvres Indiens pèsera moins que ces libéralités de votre goût et de votre choix?... Mais que dis-je ? Et qu'est-il besoin d'en diminuer le nombre? C'est sur votre superflu, sur l'utile et le nécessaire que vous prendrez l'obole demandée : vos frères de là-bas ne sont-ils pas plus nécessiteux que vous?

Et si vous me trouvez indiscret et trop pressant, permettez-moi de m'autoriser des paroles que je vous rappelais tout à l'heure : « Or sus, voulez-vous qu'ils meurent?... »

Non, vous ne le voulez pas, et c'est pour cela que vous leur viendrez en aide. Vous trouverez tout à l'heure, à la porte de cette salle, la liste des professions et des métiers qui seront enseignés dans les écoles professionnelles de l'Inde : vous y trouverez l'énumération de quelques objets plus particulièrement utiles pour la première installation de ces écoles.

Inspirez-vous, Mesdames, Messieurs, de nos besoins et de votre cœur. Dieu vous bénira, puis Il fera le reste.

FIG 40. — APRÈS LA FAMINE. TROIS ORPHELINS

Les aumônes et offrandes en argent et en nature pourront être adressées à M. Victor Retaux, éditeur, rue Bonaparte, 82, Paris (6ᵉ).

Imprimerie J. Dumoulin, Paris.

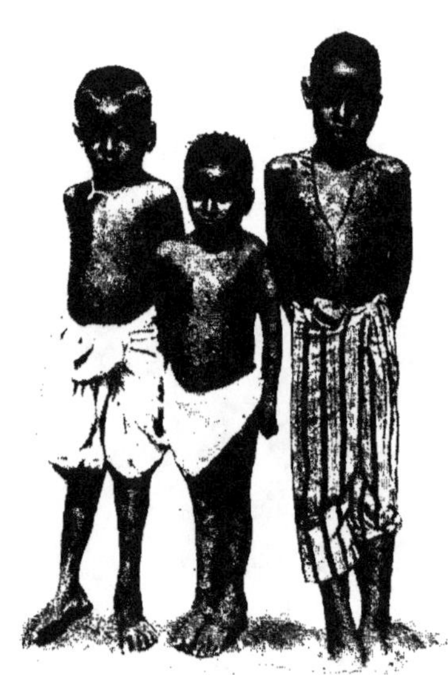

IMPRIMERIE
J. DUMOULIN
PARIS 0 0 0 0